Sylwia Erdmanska-Kolanczyk

Stollen

DAS BACKBUCH

30 himmlische Rezepte von klassisch bis ausgefallen

riva

Inhalt

Traditional
Baked

Klassiker

Klassischer Stollen

1 STOLLEN

Zutaten:

100 g Rosinen
50 g Zitronat
50 g Orangeat
6 EL Rum
125 ml Milch
300 g Weizenmehl (Type 405) + etwas mehr für die Arbeitsfläche
25 g frische Hefe
45 g Zucker
50 g Butter
1 Ei (Größe M)
1 Pck. Bourbon-Vanillezucker
1 Prise geriebene Muskatnuss
1 Prise Salz

Außerdem:

100 g Butter
150 g Puderzucker

1. Rosinen, Zitronat und Orangeat in einer Schüssel mit dem Rum vermischen und über Nacht ziehen lassen.
2. Milch in einem Topf lauwarm erhitzen. Mehl in eine Schüssel sieben und in die Mitte eine Mulde drücken. Hefe in einer Tasse zerbröckeln, mit 1 TL Zucker und 50 ml lauwarmer Milch verrühren, bis sie sich aufgelöst hat. Hefemischung in die Mulde gießen und Vorteig zugedeckt an einem warmen Ort 10–15 Minuten gehen lassen.
3. Butter in einem Topf schmelzen und abkühlen lassen. Anschließend Butter, restlichen Zucker, übrige Milch, Ei, Vanillezucker, Muskat und Salz in die Schüssel mit dem Vorteig geben und mit dem Handrührgerät gut verkneten, bis ein geschmeidiger Teig entstanden ist. Zum Schluss die abgetropften Rosinen, Zitronat und Orangeat sorgfältig unterkneten.
4. Teig zugedeckt etwa 1 Stunde an einem warmen Ort gehen lassen, bis sich das Volumen verdoppelt hat.
5. Teig auf einer bemehlten Fläche noch einmal kurz durchkneten und dann mit dem Nudelholz zu einem 3 cm dicken Rechteck ausrollen. Die Teigplatte von der langen Seite her aufrollen und mit dem Nudelholz der Länge nach eine Vertiefung eindrücken. Eine Teigseite leicht versetzt über die andere Teigseite schlagen. Den mittleren Teil mit den Händen der Länge nach zu einem Wulst formen.
6. Blech mit Backpapier belegen, Stollen daraufsetzen und zugedeckt weitere 30 Minuten gehen lassen.

7. Währenddessen den Backofen auf 180 °C Ober-/Unterhitze vorheizen. Stollen im Ofen in 50–60 Minuten goldbraun backen.
8. Butter in einem Topf zerlassen. Den noch heißen Stollen damit bestreichen, abkühlen lassen und dann dick mit Puderzucker bestäuben.
9. Stollen in Alufolie und einen Plastikbeutel einpacken und mindestens 2–3 Wochen reifen lassen.

Schlesischer Mohnstollen

1 STOLLEN

Zutaten:

200 ml Milch
500 g Weizenmehl (Type 405) + etwas mehr für die Arbeitsfläche
42 g frische Hefe
50 g Zucker
50 g Butter
4 Eigelb

Für die Füllung:

3 Eiweiß
850 g fertige Mohnmischung
50 g Rosinen

Außerdem:

150 g Puderzucker
3–4 EL Zitronensaft

1. Die Zutaten sollten alle Zimmertemperatur haben.
2. Milch in einem Topf lauwarm erhitzen. Mehl in eine Schüssel sieben und in die Mitte eine Mulde drücke- Das Mehl in eine Schüssel sieben und in die Mitte eine Mulde drücken. Hefe in einer Tasse zerbröckeln, mit 1 TL Zucker und 50 ml lauwarmer Milch verrühren, bis sie sich aufgelöst hat. Hefemischung in die Mulde gießen und Vorteig zugedeckt an einem warmen Ort 10–15 Minuten gehen lassen.
3. Butter in einem Topf schmelzen und abkühlen lassen. Anschließend Butter, restliche Milch, übrigen Zucker und Eigelbe zum Vorteig geben und mit dem Handrührgerät gut verkneten, bis ein geschmeidiger Teig entstanden ist.
4. Teig abgedeckt an einem warmen Ort gehen lassen, bis sich sein Volumen verdoppelt ha Währenddessen den Backofen auf 180 °C Ober-/Unterhitze vorheizen.
5. Für die Füllung das Eiweiß in einer Schüssel steif schlagen. Mohn in eine Schüssel geben, mit den Rosinen mischen und Eischnee vorsichtig unterheben.
6. Teig noch einmal kurz durchkneten und auf einer bemehlten Arbeitsfläche mit dem Nudelholz zu einem 40 x 30 cm großen Rechteck ausrollen.
7. Die Mohnfüllung gleichmäßig daraufstreichen, dabei rundherum 2 cm frei lassen. Den Teig aufrollen und mit der Nahtseite nach unten auf ein mit Backpapier belegtes Blech legen. Im vorgeheizten Backofen ca. 45–50 Minuten backen. Dabei nach 30 Minuten evtl. mit Backpapier abdecken.

8. Puderzucker und Zitronensaft in einer Schüssel zu einem glatten Guss verrühren und den Mohnstollen damit bepinseln.

Low-Carb-Stollen

1 STOLLEN

Zutaten:

250 g Mandelmehl
+ etwas mehr für die Arbeitsfläche
1 TL Guarkernmehl
1 Ei (Größe M)
125 g Magerquark
100 g Mandelstifte
90 g weiche Butter
150 g Kokosblütenzucker
50 g Rosinen
50 g Orangeat
1 Pck. Vanillezucker
2 TL Backpulver

Außerdem:

50 g Puderzucker

1. Backofen auf 180 °C Ober-/Unterhitze vorheizen
2. Alle Zutaten für den Teig in eine Schüssel geben und mit dem Handrührgerät gut verkneten, bis ein glatter Teig entstanden ist.
3. Den Teig auf einer bemehlten Arbeitsfläche mit dem Nudelholz zu einem 3 cm dicken Rechteck ausrollen. Von der Längsseite her ein Drittel des Teiges nach innen klappen und leicht andrücken.
4. Stollenteigling auf ein mit Backpapier belegtes Backblech legen und im vorgeheizten Backofen in 45–50 Minuten goldbraun backen.
5. Stollen aus dem Ofen holen und anschließend mit Puderzucker bestreuen.

Schokostollen

1 STOLLEN

Zutaten:

500 g Weizenmehl (Type 405) + etwas mehr für die Arbeitsfläche
125 g gehackte Mandeln
125 g Zucker
250 g Magerquark
125 g weiche Butter
2 Eier (Größe M)
25 g echtes Kakaopulver
1 EL Orangenlikör
3 TL Backpulver
1 Pck. Vanillezucker
1 Prise Salz
150 g Rumrosinen
50 g Schokotröpfchen

Außerdem:

100 g Puderzucker

1. Alle Zutaten in eine Schüssel geben und mit dem Handrührgerät gut verkneten, bis ein glatter Teig entstanden ist.
2. Teig mit einem Küchentuch abdecken und ca. 1 Stunde bei Zimmertemperatur ruhen lassen.
3. Backofen auf 180 °C Ober-/Unterhitze vorheizen und ein Backblech mit Backpapier auslegen.
4. Teig noch einmal kurz durchkneten und auf einer bemehlten Arbeitsfläche zu einem Stollen formen. Dafür mit dem Nudelholz den Teig zu einem 3 cm dicken Rechteck ausrollen. Von der Längsseite ein Drittel des Teiges nach innen klappen und leicht andrücken.
5. Stollen im vorgeheizten Backofen in 50–60 Minuten goldbraun backen. Dann abkühlen lassen.
6. Mit dem Puderzucker bestäuben.

Fixer Stollen

1 STOLLEN (FÜR 1 KASTENFORM)

Zutaten:

250 g weiche Butter + etwas mehr für die Form
200 g Zucker
4 Eier (Größe M)
500 g Weizenmehl (Type 405) + etwas mehr für die Form
60 ml Milch
2 TL Backpulver
100 g Rosinen
50 g Orangeat
50 g Zitronat
50 ml Rum
150 g Trockenobst nach Belieben (z. B. Pflaumen, Ananas, Kirschen)
gehackte Haselnüsse nach Belieben

1. Backofen auf 180 °C Ober-/Unterhitze vorheizen.
2. Butter und Zucker in eine Schüssel geben und mit dem Handrührgerät schaumig schlagen.
3. Eier nacheinander zufügen und gut verrühren.
4. Restliche Zutaten hinzugeben und alles zu einem Teig verkneten.
5. Kastenform mit Butter einfetten und mit Mehl bestäuben.
6. Teig in die Form füllen und mit einem Löffel glatt streichen.
7. Stollen im vorgeheizten Backofen 50–60 Minuten backen.
8. Abkühlen lassen und nach Belieben mit klein gehackten Haselnüssen bestreuen.

Veganer Stollen

1 STOLLEN

Zutaten:

50 g Rosinen
50 g Zitronat
50 g Orangeat
100 ml Orangensaft
125 ml Pflanzendrink
500 g Weizenmehl (Type 405) + etwas mehr für die Arbeitsfläche
42 g frische Hefe
125 g Zucker
250 g Margarine
70 g gemahlene Mandeln
50 g gehackte Mandeln
1 Pck. Vanillezucker
¼ TL gemahlener Zimt

Außerdem:

100 g Margarine
150 g Puderzucker

1. Rosinen, Zitronat und Orangeat in einer Schüssel mit dem Orangensaft ca. 1 Stunde einweichen.
2. Pflanzendrink in einem Topf lauwarm erhitzen. Mehl in eine Schüssel sieben und in die Mitte eine Mulde drücken. Hefe in einer Tasse zerbröckeln, mit 1 TL Zucker und 50 ml lauwarmem Pflanzendrink verrühren, bis sie sich aufgelöst hat. Die Hefemischung in die Mulde gießen und den Vorteig zugedeckt an einem warmen Ort 10–15 Minuten gehen lassen.
3. Margarine in einem Topf schmelzen und abkühlen lassen. Dann Margarine, restlichen Zucker und Pflanzendrink, Mandeln, Vanillezucker und Zimt zum Vorteig geben und mit dem Handrührgerät verkneten, bis ein geschmeidiger Teig entstanden ist.
4. Rosinen, Zitronat und Orangeat abtropfen und in den Teig kneten. Teig zugedeckt 1 Stunde an einem warmen Ort gehen lassen, bis sich das Volumen verdoppelt hat. Dann Teig kurz durchkneten und auf einer bemehlten Arbeitsfläche mit dem Nudelholz zu einem 3 cm dicken Rechteck ausrollen.
5. Rechteck von der langen Seite her aufrollen und mit dem Nudelholz der Länge nach eine Vertiefung eindrücken. Eine Teigseite leicht versetzt über die andere Teigseite schlagen. Den mittleren Teil mit den Händen der Länge nach zu einem Wulst formen.
6. Backblech mit Backpapier belegen, den Stollen darauf platzieren und zugedeckt weitere 30 Minuten gehen lassen. Währenddessen den Backofen auf 180 °C Ober-/Unterhitze vorheizen.

7. Stollen in 50–60 Minuten goldbraun backen. Margarine in einem Topf zerlassen und den noch heißen Stollen damit bestreichen. Abkühlen lassen und dann mit Puderzucker bestäuben.
8. In Alufolie und Plastikbeutel einpacken und für 1–2 Wochen reifen lassen.

Rumstollen

1 STOLLEN

Zutaten:

250 g Rosinen
50 g Zitronat
50 g Orangeat
70 ml Rum
100 ml Milch
500 g Weizenmehl (Type 405) + etwas mehr für die Arbeitsfläche
42 g frische Hefe
75 g Zucker
275 g weiche Butter
75 g gehackte Mandeln
½ TL Rumaroma

Außerdem:

100 g Butter
150 g Puderzucker

1. Rosinen, Zitronat und Orangeat in eine Schüssel mit dem Rum geben und über Nacht einweichen.
2. Milch in einem Topf lauwarm erhitzen. Mehl in eine Schüssel sieben und in die Mitte eine Mulde drücken. Hefe in einer Tasse zerbröckeln und mit 1 TL Zucker und 50 ml lauwarmer Milch verrühren, bis sie sich aufgelöst hat. Hefemischung in die Mulde gießen und Vorteig zugedeckt an einem warmen Ort 10–15 Minuten gehen lassen.
3. Butter in einem Topf schmelzen und abkühlen lassen. Anschließend Butter, restlichen Zucker, die restliche Milch, die Mandeln und das Rumaroma in die Schüssel mit dem Vorteig geben und mit dem Handrührgerät verkneten, bis ein geschmeidiger Teig entstanden ist. Rosinen, Zitronat und Orangeat abtropfen und in den Teig kneten. Teig zugedeckt etwa 1 Stunde an einem warmen Ort gehen lassen, bis sich das Volumen verdoppelt hat.
4. Teig noch einmal durchkneten und auf einer bemehlten Arbeitsfläche mit dem Nudelholz zu einem 3 cm dicken Rechteck ausrollen. Rechteck von der langen Seite her aufrollen und mit dem Nudelholz der Länge nach eine Vertiefung eindrücken. Eine Teigseite leicht versetzt über die andere schlagen. Den mittleren Teil mit den Händen der Länge nach zu einem Wulst formen.
5. Blech mit Backpapier belegen, den Stollen daraufsetzen und zugedeckt weitere 30 Minuten gehen lassen. Währenddessen den Backofen auf 180 °C Ober-/Unterhitze vorheizen. Den Stollen im vorgeheizten Backofen in 50–60 Minuten goldbraun backen.

6. Butter in einem Topf zerlassen und den Stollen damit bestreichen. Stollen für ca. 5 Minuten abkühlen lassen und dann dick mit Puderzucker bestäuben.
7. In Alufolie und Plastikbeutel einpacken und mindestens 2–3 Wochen reifen lassen.

Marzipanstollen

1 STOLLEN

Zutaten:

- 100 g Rosinen
- 50 g Zitronat
- 50 g Orangeat
- 6 EL Rum
- 125 ml Milch
- 300 g Weizenmehl (Type 405) + etwas mehr für die Arbeitsfläche
- 25 g frische Hefe
- 45 g Zucker
- 50 g Butter
- 1 Ei (Größe M)
- 1 Pck. Bourbon-Vanillezucker
- 1 Prise gemahlene Muskatnuss
- 1 Prise Salz
- 200 g Marzipan

Außerdem:

- 100 g Butter
- 150 g Puderzucker

1. Rosinen, Zitronat und Orangeat in eine Schüssel mit dem Rum geben und über Nacht einweichen.
2. Milch in einem Topf lauwarm erhitzen. Das Mehl in eine Schüssel sieben und in die Mitte eine Mulde drücken. Hefe in einer Tasse zerbröckeln, mit 1 TL Zucker und 50 ml lauwarmer Milch verrühren, bis sie sich aufgelöst hat. Hefemischung in die Mulde gießen und Vorteig zugedeckt an einem warmen Ort 10–15 Minuten gehen lassen.
3. Butter in einem Topf schmelzen und abkühlen lassen Anschließend Butter, restlichen Zucker, übrige Milch, Ei, Vanillezucker, Muskat und Salz in die Schüssel mit dem Vorteig geben und mit dem Handrührgerät gut verkneten, bis ein geschmeidiger Teig entstanden ist.
4. Rosinen, Zitronat und Orangeat abtropfen lassen und in den Teig kneten. Teig zugedeckt etwa 1 Stunde an einem warmen Ort gehen lassen, bis das Volumen sich etwa verdoppelt hat. Teig noch einmal durchkneten und auf einer bemehlten Arbeitsfläche mit dem Nudelholz zu einem 3 cm dicken Rechteck ausrollen.
5. Marzipan zu einer Rolle formen und auf den Hefeteig legen. Von der Längsseite her ein Drittel des Teiges nach innen klappen und leicht andrücken.
6. Backblech mit Backpapier belegen, den Stollen daraufsetzen und zugedeckt weitere 30 Minuten gehen lassen. Währenddessen den Backofen auf 180 °C Ober-/Unterhitze vorheizen. Stollen im vorgeheizten Backofen für 50–60 Minuten goldbraun backen.

7. Butter in einem Topf zerlassen und den noch heißen Stollen damit bestreichen. Stollen abkühlen lassen und dann dick mit Puderzucker bestäuben.
8. In Alufolie und Plastikbeutel einpacken und mindestens 2–3 Wochen reifen lassen.

Raffinierte Stollen

Apfel-Mohn-Stollen

1 STOLLEN

Zutaten:

- 500 g Weizenmehl (Type 405) + etwas mehr für die Arbeitsfläche
- 200 ml Milch
- 50 g frische Hefe
- 50 g Zucker
- 125 g zimmerwarme Butter
- 4 Eigelb

Für die Füllung:

- 1 Apfel
- 1 EL Zitronensaft
- 4 Eiweiß
- 850 g fertige Mohnmischung
- 2 EL Paniermehl

Außerdem:

- Puderzucker zum Bestreuen

1. Mehl in eine Schüssel sieben und in die Mitte eine Mulde drücken.
2. Milch in einem Topf lauwarm erhitzen. Hefe in einer Tasse zerbröckeln, mit 1 TL Zucker und 50 ml lauwarmer Milch verrühren, bis sie sich aufgelöst hat. Hefemischung in die Mulde im Mehl gießen und den Vorteig zugedeckt an einem warmen Ort 10–15 Minuten gehen lassen.
3. Butter in einem Topf schmelzen, dann abkühlen lassen. Anschließend Butter, restliche Milch, übrigen Zucker und Eigelb zum Vorteig geben und mit dem Handrührgerät gut verkneten, bis ein geschmeidiger Teig entstanden ist.
4. Teig abgedeckt an einem warmen Ort gehen lassen, bis sich das Volumen verdoppelt hat.
5. Für die Füllung den Apfel schälen, vierteln, das Kerngehäuse entfernen, das Fruchtfleisch in feine Würfel schneiden und in einer Schüssel mit dem Zitronensaft vermischen.
6. Eiweiß in einer Schüssel mit dem Handrührgerät steif schlagen. Mohnmischung in eine Schüssel geben und Eischnee, Apfelwürfel und Paniermehl vorsichtig unterheben.
7. Teig noch einmal durchkneten und dann auf einer bemehlten Arbeitsfläche mit dem Nudelholz zu einem 3 cm dicken Rechteck ausrollen.
8. Mohnmasse auf dem Stollen verteilen und dabei am oberen Rand ca. 2 cm frei lassen. Hefeteig und Füllung von der Längsseite beginnend aufrollen.

9. Stollen auf ein mit Backpapier ausgelegtes Blech legen und nochmals zugedeckt 15 Minuten gehen lassen.
10. Stollen im vorgeheizten Backofen bei 180 °C Ober-/Unterhitze 40–50 Minuten backen. Anschließend abkühlen lassen und mit Puderzucker bestreuen.

Honigstollen

1 GROSSER STOLLEN ODER 2 KLEINE

Zutaten:

50 g getrocknete Feigen
500 g Weizenmehl (Type 405) + etwas mehr für die Arbeitsfläche
100 g flüssiger Honig
250 g Quark
125 g weiche Butter
2 Eier (Größe M)
125 g gehackte Mandeln
1 Pck. Backpulver
1 Pck. Vanillezucker
50 g Orangeat
½ TL Orangenaroma

Außerdem:

125 g Butter
150 g Puderzucker

1. Getrocknete Feigen klein schneiden.
2. Alle Zutaten für den Teig in eine Schüssel geben und mit dem Handrührgerät gründlich verkneten, bis ein glatter Teig entstanden ist.
3. Teig mit einem Küchentuch abdecken undca. 1 Stunde bei Zimmertemperatur ruhen lassen.
4. Backofen auf 180 °C Ober-/Unterhitze vorheizen und ein Backblech mit Backpapier auslegen.
5. Etwas Mehl auf eine Arbeitsfläche geben, den Teig darauf kurz durchkneten und mit dem Nudelholz zu einem 3 cm dicken Rechteck ausrollen. Von der Längsseite ein Drittel des Teiges nach innen klappen und leicht andrücken.
6. Stollen auf das Backblech setzen und im vorgeheizten Backofen in 45–50 Minuten goldbraun backen.
7. Währenddessen die Butter in einem Topf zerlassen.
8. Den noch heißen Stollen mit zerlassener Butter bestreichen und mit Puderzucker bestreuen.

Kirschstollen

1 GROSSER STOLLEN ODER 2 KLEINE

Zutaten:

- 500 g Sauerkirschen (aus dem Glas)
- 200 ml Milch
- 500 g Weizenmehl (Type 405) + 1 EL für die Kirschen
- 50 g frische Hefe
- 50 g Zucker
- 125 g Butter
- 5 Eigelb
- 1 Pck. roter Tortenguss

Für die Streusel:

- 100 g Weizenmehl (Type 405)
- 50 g Zucker
- 60 g kalte Butter

1. Kirschen in ein Sieb abgießen und gut abtropfen lassen. Eventuell vorhandene Kerne entfernen.
2. Milch in einem Topf lauwarm erhitzen. Mehl in eine Schüssel sieben und in die Mitte eine Mulde drücken. Hefe in einer Tasse zerbröckeln, mit 1 TL Zucker und 50 ml lauwarmer Milch verrühren, bis sie sich aufgelöst hat. Hefemischung in die Mulde gießen und Teig zugedeckt an einem warmen Ort 10–15 Minuten gehen lassen.
3. Butter in einem Topf schmelzen und abkühlen lassen. Dann Butter, restlichen Zucker, übrige Milch und 4 Eigelb in die Schüssel mit dem Vorteig geben und mit dem Handrührgerät gut verkneten, bis ein geschmeidiger Teig entstanden ist. Teig abgedeckt an einem warmen Ort gehen lassen, bis sich das Volumen verdoppelt hat.
4. Teig noch einmal durchkneten und auf der bemehlten Arbeitsfläche mit dem Nudelholz zu einem 3 cm dicken Rechteck ausrollen. 300 g Kirschen mit 1 EL Mehl bestäuben. Kirschen auf ein Drittel des Teiges verteilen (sodass beim Aufrollen auf dem letzten Teigdrittel keine Füllung ist). Teig von der schmalen Seite her aufrollen und zu einem Stollen formen.
5. Stollen auf ein mit Backpapier ausgelegtes Blech legen und nochmals zugedeckt 15 Minuten gehen lassen.
6. Backofen auf 180 °C Ober-/Unterhitze vorheizen.
7. Die Zutaten für die Streusel in einer Schüssel mit den Händen zu groben Streuseln verarbeiten.

8. Stollen mit 1 Eigelb bepinseln und Streusel darauf verteilen. Stollen im vorgeheizten Backofen 40–50 Minuten backen. Anschließend abkühlen lassen.
9. Die restlichen Kirschen auf dem Stollen verteilen.
10. Roten Tortenguss nach Packungsanleitung zubereiten, über die Kirschen löffeln und fest werden lassen.

Kokos-Mango-Stollen

1 STOLLEN

Zutaten:

100 g getrocknete Mango
100 ml Orangensaft
125 ml Milch
300 g Weizenmehl (Type 405) + etwas mehr für die Arbeitsfläche
25 g frische Hefe
45 g Zucker
50 g Butter (zimmerwarm)
1 Ei (Größe M)
1 Pck. Bourbon-Vanillezucker
2 EL Kokosraspeln

Außerdem:

100 g Butter
150 g Puderzucker

1. Mango klein schneiden und in einer Schüssel mit dem Orangensaft ca. 1 Stunde einweichen.
2. Milch in einem Topf lauwarm erhitzen. Mehl in eine Schüssel sieben und in die Mitte eine Mulde drücken. Hefe in einer Tasse zerbröckeln, mit 1 TL Zucker und 50 ml lauwarmer Milch verrühren, bis sie sich aufgelöst hat. Hefemischung in die Mulde gießen und Vorteig zugedeckt an einem warmen Ort 10–15 Minuten gehen lassen.
3. Butter in einem Topf schmelzen und abkühlen lassen. Anschließend Butter, restlichen Zucker, übrige Milch, Ei und Vanillezucker in die Schüssel mit dem Vorteig geben und mit dem Handrührgerät gut verkneten, bis ein geschmeidiger Teig entstanden ist.
4. Mangostücke abtropfen lassen und mit den Kokosraspeln sorgfältig den Teig rühren.
5. Teig zugedeckt etwa 1 Stunde an einem warmen Ort gehen lassen, bis das Volumen sich etwa verdoppelt hat. Teig noch einmal kurz durchkneten und dann auf einer bemehlten Arbeitsfläche mit dem Nudelholz einem 3 cm dicken Rechteck ausrollen.
6. Teigplatte von der langen Seite her aufrollen und mit dem Nudelholz der Länge nach eine Vertiefung eindrücken. Eine Teigseite leicht versetzt über die andere Teigseite schlagen. Den mittleren Teil mit den Händen der Länge nach zu einem Wulst formen.
7. Backblech mit Backpapier belegen, den Stollen daraufsetzen und zugedeckt weitere 30 Minuten gehen lassen.

8. Währenddessen den Backofen auf 180 °C Ober-/Unterhitze vorheizen.
9. Stollen im vorgeheizten Backofen in 40–45 Minuten goldbraun backen.
10. Butter in einem Topf zerlassen und den noch heißen Stollen damit bestreichen. Stollen abkühlen lassen und dann dick mit Puderzucker bestäuben.

Lebkuchenstollen

1 STOLLEN (FÜR 1 FORM MIT 20 X 30 CM)

Zutaten:

- 100 g Butter + etwas mehr für die Form
- 2 EL Honig
- 2 EL echtes Kakaopulver
- 2 EL Lebkuchengewürz
- 250 ml Milch
- 3 Eier (Größe M)
- 200 g Weizenmehl (Type 405)
- 200 g Zucker
- 1 TL Natron
- 1 TL Backpulver
- 50 g Orangeat
- 50 g Rosinen

Außerdem:

- 100 g Puderzucker
- 100 g Trockenobst nach Belieben (z. B. Rosinen, Kirschen, Orangeat)

1. Backofen auf 180 °C Ober-/Unterhitze vorheizen.
2. Butter, Honig, Kakao und Lebkuchengewürz in einem Topf unter ständigem Rühren erhitzen, bis sich alles vollständig aufgelöst hat.
3. Topf vom Herd nehmen und langsam und unter ständigem Rühren die Milch sowie die Eier dazugeben und mit dem Handrührgerät verrühren.
4. Mehl, Zucker, Natron sowie Backpulver in einer Schüssel vermengen.
5. Anschließend die Zutaten aus dem Topf dazugeben und alles zu einem Teig verkneten. Dann Orangeat und Rosinen in den Teig rühren.
6. Backform mit etwas Butter einfetten und mit Backpapier auslegen. Teig hineingeben und mit einem Löffel glatt streichen.
7. Stollen im vorgeheizten Backofen 25–30 Minuten backen.
8. Stollen aus dem Ofen nehmen und auskühlen lassen.
9. Puderzucker in einer Schüssel mit 1–2 EL heißem Wasser zu einem glatten Guss verrühren und den Stollen damit bestreichen. Mit dem Trockenobst garnieren.

Neueste
Dienstag, den 25. Februar 1930

Mandel-Cranberry-Stollen

1 STOLLEN

Zutaten:

500 g Weizenmehl (Type 405) + etwas mehr für die Arbeitsfläche
125 g gehackte Mandeln
125 g Zucker
250 g Magerquark
125 g weiche Butter
2 Eier (Größe M)
3 TL Backpulver
1 Pck. Vanillezucker
1 Prise Salz
150 g getrocknete Cranberrys

Außerdem:

125 g Butter
150 g Puderzucker

1. Alle Zutaten für den Teig in eine Schüssel geben und mit dem Handrührgerät gut verkneten, bis ein glatter Teig entstanden ist.
2. Teig mit einem Küchentuch abdecken und ca. 1 Stunde bei Zimmertemperatur ruhen lassen.
3. Backofen auf 180 °C Ober-/Unterhitze vorheizen und ein Backblech mit Backpapier auslegen.
4. Teig auf einer bemehlten Arbeitsfläche kurz durchkneten und dann zu einem Stollen formen. Dafür mit dem Nudelholz den Teig zu einem 3 cm dicken Rechteck ausrollen. Von der Längsseite her ein Drittel des Teiges nach innen klappen und leicht andrücken.
5. Stollen im vorgeheizten Backofen in 50–60 Minuten goldbraun backen.
6. Butter in einem Topf schmelzen. Den noch heißen Stollen mit der Butter bestreichen und mit Puderzucker bestreuen.

Piña-Colada-Stollen

1 STOLLEN

Zutaten:

100 g getrocknete Ananas
100 ml Ananassaft
250 ml Milch
500 g Weizenmehl (Type 405) + etwas mehr für die Arbeitsfläche
30 g frische Hefe
70 g Zucker
60 g Butter (zimmerwarm)
1 Ei (Größe M)
1 Pck. Vanillezucker

Für die Streusel:

60 g Weizenmehl (Type 405)
50 g Butter
2–4 EL Kokosraspeln
30 g Zucker

Außerdem:

100 g Puderzucker

1. Ananas klein schneiden und in einer Schüssel mit dem Ananassaft ca. 1 Stunde einweichen.
2. Milch in einem Topf lauwarm erhitzen. Mehl in eine Schüssel sieben und in die Mitte eine Mulde drücken. Hefe in einer Tasse zerbröckeln, mit 1 TL Zucker und 50 ml lauwarmer Milch verrühren, bis sie sich aufgelöst hat. Hefemischung in die Mulde gießen und Vorteig zugedeckt an einem warmen Ort 10–15 Minuten gehen lassen.
3. Butter in einem Topf schmelzen und abkühlen lassen. Anschließend Butter, den restlichen Zucker, die übrige Milch, das Ei und den Vanillezucker in die Schüssel mit dem Vorteig geben und mit dem Handrührgerät gut verkneten, bis ein geschmeidiger Teig entstanden ist. Ananasstücke abtropfen lassen und in den Teig kneten.
4. Teig zugedeckt etwa 1 Stunde an einem warmen Ort gehen lassen, bis sich das Volumen etwa verdoppelt hat. Teig noch einmal kurz durchkneten und dann mit dem Nudelholz auf einer bemehlten Arbeitsfläche zu einem 3 cm dicken Rechteck ausrollen.
5. Teigplatte von der langen Seite her aufrollen und mit dem Nudelholz der Länge nach eine Vertiefung eindrücken. Eine Teigseite leicht versetzt über die andere Teigseite schlagen. Den mittleren Teil mit den Händen der Länge nach zu einem Wulst formen.
6. Backblech mit Backpapier belegen, Stollen daraufsetzen und zugedeckt weitere 30 Minuten gehen lassen. Währenddessen den Backofen auf 180 °C Ober-/Unterhitze vorheizen.

7. Für die Streusel alle Zutaten in eine Schüssel geben, rasch mit den Händen zu Streuseln verarbeiten und Stollen damit bestreuen.
8. Stollen im vorgeheizten Backofen in 40–45 Minuten goldbraun backen.
9. Anschließend mit Puderzucker bestäuben.

Traditional
Baked

Stollen mal anders

Stollensterne

20–25 STÜCK

Zutaten:

300 g Weizenmehl (Type 405) + etwas mehr für die Arbeitsfläche
1 Ei (Größe M)
150 g Butter
75 g Zucker
50 g gehackte Mandeln
50 g Marzipan
50 g Rosinen
50 g Zitronat
50 g Orangeat
2 TL Backpulver
1 Pck. Vanillezucker
1 TL Rumaroma

Außerdem:

150 g Puderzucker
2 EL Vanillezucker
½ TL gemahlener Zimt
Ausstechform (Stern)

1. Alle Teigzutaten in eine große Schüssel geben und mit dem Handrührgerät zu einem glatten Teig verarbeiten. Teig in Frischhaltefolie wickeln und 1 Stunde im Kühlschrank kalt stellen.
2. Backofen auf 180 °C Ober-/Unterhitze vorheizen.
3. Arbeitsfläche mit etwas Mehl bestreuen und den Teig mit dem Nudelholz etwa 1 cm dick ausrollen. Mit der Ausstechform Sterne ausstechen.
4. Sterne auf ein mit Backpapier belegtes Backblech geben und im vorgeheizten Ofen in ca. 15–20 Minuten goldbraun backen.
5. Puderzucker in einer Schüssel mit Vanillezucker und Zimt vermischen und die Kekse reichlich damit bestreuen.

Tipp:
Wer kein Marzipan mag, kann es durch Butter ersetzen.

Baked

With Love

Stollenkonfekt

15 STÜCK

Zutaten:

50 g Rosinen
50 g Orangeat
4 EL Rum
250 g Weizenmehl (Type 405) + etwas mehr für die Arbeitsfläche
50 g gemahlene Mandeln
75 g weiche Butter
75 g Zucker
1 Ei (Größe M)
125 g Quark
1 Pck. Vanillezucker
3 TL Backpulver

Außerdem:

70 g Butter
100 g Puderzucker

1. Am Vortag Rosinen und Orangeat in einer Schüssel mit Rum einweichen und über Nacht ziehen lassen. Dann abtropfen lassen.
2. Backofen auf 180 °C Ober-/Unterhitze vorheizen.
3. Für den Teig alle Zutaten in eine Schüssel geben und mit dem Handrührgerät gründlich zu einem glatten Teig verrühren.
4. Teig mit einem Küchentuch abdecken und ca. 1 Stunde bei Zimmertemperatur ruhen lassen.
5. Teig auf einer leicht bemehlten Arbeitsfläche mit dem Nudelholz ca. 3 cm dick ausrollen. Mit einem Messer 3 x 3 cm große Quadrate ausschneiden und diese mit Abstand auf ein mit Backpapier belegtes Backblech legen.
6. Quadrate im vorgeheizten Backofen in ca. 25 Minuten goldbraun backen.
7. Butter in einem Topf schmelzen und das noch warme Stollenkonfekt damit bestreichen, mit Puderzucker bestäuben und auskühlen lassen.

Stollentaler mit Zuckerguss

20–25 STÜCK

Zutaten:

300 g Weizenmehl (Type 405) + etwas mehr für die Arbeitsfläche
1 Ei (Größe M)
200 g Butter
75 g Zucker
50 g gehackte Mandeln
50 g Rosinen
50 g Zitronat
50 g Orangeat
2 TL Backpulver
1 Pck. Vanillezucker
½ TL gemahlener Zimt oder Lebkuchengewürz

Außerdem:

150g Puderzucker
2–3 TL heißes Wasser
Zuckerperlen oder -streusel nach Belieben
1 Glas (Ø 5 cm) oder 1 Eierbecher

1. Alle Teigzutaten in eine große Schüssel geben und mit dem Handrührgerät zu einem glatten Teig verarbeiten. Teig in Frischhaltefolie wickeln und 1 Stunde im Kühlschrank kalt stellen.
2. Backofen auf 180 °C Ober-/Unterhitze vorheizen.
3. Arbeitsfläche mit etwas Mehl bestreuen und den Teig darauf mit einem Nudelholz etwa 1 cm dick ausrollen. Dann mit dem Glas oder dem Eierbecher Taler ausstechen.
4. Taler auf ein mit Backpapier belegtes Backblech setzen und im vorgeheizten Backofen in ca. 15 Minuten goldbraun backen.
5. Taler auskühlen lassen.
6. In der Zwischenzeit den Zuckerguss herstellen. Puderzucker in eine Schüssel geben und mit dem Wasser zu einem dicken, glatten Guss verrühren.
7. Taler mit dem Guss bestreichen und trocknen lassen.
8. Nach Belieben mit Zuckerperlen oder -streuseln dekorieren (dann sollte der Guss aber noch feucht sein, damit die Deko gut kleben bleibt).

Tipp:

Besonders hübsch werden die Taler, wenn der Guss mit ein paar Tropfen Lebensmittelfarbe eingefärbt wird.

Stollen-Tannenbaum

FÜR 1 TANNENBAUM

Zutaten:

150 g weiche Butter
100 g Puderzucker
1 Ei (Größe M)
250 g Weizenmehl (Type 405) + etwas mehr für die Arbeitsfläche
2 TL Honig
1 ½ TL Lebkuchengewürz
½ TL gemahlener Zimt
1 TL Backpulver
50 g Zitronat
50 g Orangeat

Außerdem:

150 g Puderzucker
2–3 EL Wasser
2–4 EL bunte Zuckerstreusel
Ausstechformen (Sterne in verschiedenen Größen)

1. Butter, Puderzucker und Ei in eine Schüssel geben und mit dem Handrührgerät mehrere Minuten lang cremig mixen.
2. Anschließend die restlichen Zutaten hinzufügen und alles weiter verrühren, bis ein glatter Teig entstanden ist.
3. Den Teig nun zu einer Kugel formen, etwas platt drücken, in Frischhaltefolie einschlagen und 1 Stunde in den Kühlschrank stellen.
4. Währenddessen den Backofen auf 180 °C Ober-/Unterhitze vorheizen.
5. Auf einer leicht bemehlten Arbeitsfläche den Teig mit dem Nudelholz ca. 5 mm dick ausrollen und Sterne in verschiedenen Größen ausstechen.
6. Sterne auf ein mit Backpapier belegtes Backblech legen und im Ofen in 10 Minuten goldbraun backen.
7. Sterne auskühlen lassen.
8. Puderzucker in eine Schüssel sieben und mit dem Wasser zu einer dickflüssigen Glasur verrühren.
9. Anschließend die Kekse mit der Glasur bestreichen, mit Zuckerstreuseln bestreuen und trocknen lassen.
10. Die Sterne zu einer »Tanne« zusammenbauen. Dazu den größten Stern mit etwas Glasur bestreichen und den zweitgrößten etwas versetzt daraufgeben. So fortfahren bis zu den kleinsten ausgestochenen Sternen.
11. Tannenbaum trocknen lassen.

Zimtstollenbällchen

12 STÜCK (FÜR 1 MUFFINFORM)

Zutaten:

- 250 g Weizenmehl (Type 405)
- 60 g gehackte Walnusskerne
- 60 g Zucker
- 125 g Magerquark
- 60 g weiche Butter + etwas mehr für die Form
- 2 Eier (Größe M)
- 2 TL gemahlener Zimt
- 1 TL Lebkuchengewürz
- 1 EL Orangensaft
- 2 TL Backpulver
- 1 Pck. Vanillezucker
- 50 g Rosinen
- 50 g getrocknete Cranberrys

Außerdem:

- 100 g Zartbitterschokolade

1. Für den Teig alle Zutaten in eine Schüssel geben und mit dem Handrührgerät gründlich verrühren, bis ein glatter Teig entstanden ist.
2. Teig mit einem Küchentuch abdecken und 30 Minuten bei Zimmertemperatur ruhen lassen.
3. Backofen auf 180 °C Ober-/Unterhitze vorheizen und eine Muffinform einfetten.
4. Aus dem Teig 12 walnussgroße Kugeln formen und diese in die Mulden der Muffinform setzen.
5. Bällchen im vorgeheizten Backofen 20–25 Minuten backen und danach abkühlen lassen.
6. Schokolade grob zerkleinern, in einer Schüssel im Wasserbad schmelzen und die Bällchen damit überziehen.

Stollen-Muffins

8–10 STÜCK

Zutaten:

- 250 g Weizenmehl (Type 405)
- 60 g gehackte Mandeln
- 60 g Zucker
- 125 g Magerquark
- 60 g weiche Butter + etwas mehr für die Form
- 2 Eier (Größe M)
- 25 g echtes Kakaopulver
- 1 EL Orangensaft
- 2 TL Backpulver
- 1 Pck. Vanillezucker
- 100 g Schokotröpfchen

Außerdem:

- Puderzucker zum Bestreuen
- Muffinform

1. Für den Teig alle Zutaten in eine Schüssel geben und mit dem Handrührgerät gründlich verkneten, bis ein glatter Teig entstanden ist.
2. Teig mit einem Küchentuch abdecken und 30 Minuten bei Zimmertemperatur ruhen lassen.
3. Währenddessen den Backofen auf 180 °C Ober-/Unterhitze vorheizen.
4. Muffinform einfetten und den Teig gleichmäßig in die 8–10 Mulden verteilen.
5. Im vorgeheizten Backofen 20–25 Minuten backen.
6. Muffins abkühlen lassen und dann mit Puderzucker bestreuen.

Stollen-Gugelhupf

1 GUGELHUPF

Zutaten:

- 130 g Rosinen
- 75 g Zitronat
- 75 g Orangeat
- 20 ml Rum
- 100 ml Milch
- 370 g Weizenmehl (Type 405) + etwas mehr für die Arbeitsfläche und die Form
- 30 g frische Hefe
- 40 g Zucker
- 150 g Butter + etwas mehr für die Form
- 3 Eier (Größe M)
- 1 Pck. Bourbon-Vanillezucker

Außerdem:

- 100 g Butter
- 150 g Puderzucker
- 1 Gugelhupfform (Ø 22–24 cm)

1. Rosinen, Zitronat und Orangeat in einer Schüssel mit dem Rum über Nacht einweichen.
2. Milch in einem Topf lauwarm erhitzen Mehl in eine Schüssel sieben und in die Mitte eine Mulde drücke
3. Hefe in einer Tasse zerbröckeln, mit 1 TL Zucker und 50 ml laufwarmer Milch verrühren, bis sie sich aufgelöst hat. Hefemischung in die Mulde gießen und Vorteig zugedeckt an einem warmen Ort 10–15 Minuten gehen lassen.
4. Butter in einem Topf schmelzen und abkühlen lassen. Anschließend Butter, restlichen Zucker, übrige Milch, Eier und Vanillezucker in die Schüssel mit dem Vorteig geben und mit dem Handrührgerät gut verkneten, bis ein geschmeidiger Teig entstanden ist.
5. Rosinen, Zitronat und Orangeat abtropfen lassen und in den Teig kneten.
6. Teig abgedeckt an einem warmen Ort gehen lassen, bis sich das Volumen verdoppelt hat. Teig auf einer bemehlten Arbeitsfläche noch einmal kurz durchkneten.
7. Gugelhupfform gut einfetten und mit Mehl bestäuben. Den Teig in die Form füllen und weitere 20 Minuten zugedeckt gehen lassen.
8. Backofen auf 180 °C Ober-/Unterhitze vorheizen.
9. Gugelhupf im vorgeheizten Ofen ca. 40 Minuten backen. Herausnehmen, 10 Minuten in der Form stehen lassen, dann auf eine Platte stürzen.

10. Butter in einem Topf schmelzen und den Gugelhupf damit rundherum einstreichen. Dann abkühlen lassen und kräftig mit Puderzucker bestäuben.
11. Den Kuchen am besten über Nacht durchziehen lassen.

Stollen-Kastenkuchen

1 KUCHEN (FÜR 1 KASTENFORM)

Zutaten:

5 Eier (Größe M)
250 g weiche Butter + etwas mehr für die Form
180 g Zucker
250 g Weizenmehl (Type 405) + etwas mehr für die Form
1 TL Natron
1 EL Milch
250 g getrocknetes Obst (z. B. Ananas, Rosinen, Zitronat)

Außerdem:

100 g Puderzucker

1. Backofen auf 180 °C Ober-/Unterhitze vorheizen.
2. Eier trennen.
3. Weiche Butter und Zucker in einer Schüssel mit dem Handrührgerät schaumig schlagen.
4. Eigelbe nacheinander zufügen und unterrühren.
5. Mehl, Natron, Milch und Trockenobst (bei Bedarf klein schneiden und ein wenig für das Garnieren beiseitestellen) hinzufügen und alles gut vermengen.
6. Eiweiß in einer Schüssel steif schlagen und unterheben.
7. Kastenform mit Butter einfetten und mit Mehl ausstäuben.
8. Teig in die Form füllen und mit einem Löffel glatt streichen.
9. Stollen im vorgeheizten Backofen 50–60 Minuten backen. Nach dem Abkühlen mit Puderzucker bestäuben und mit Trockenobst garnieren.

Joy

Stollen-Desserts

Stollen-Parfait

6 TASSEN ODER 1 KASTENFORM

Zutaten:

4 Eigelb
100 g Zucker
2 Pck. Vanillezucker
100 ml Apfelsaft
150 g Stollen (Resteverwertung)
400 g Schlagsahne

1. Bei Verwendung einer Kastenform diese so mit Frischhaltefolie auskleiden, dass ausreichend Folie übersteht, um sie später über der Parfaitmasse zusammenzuschlagen.
2. Eigelb in eine Schüssel geben und mit dem Handrührgerät kurz verschlagen, dann Zucker, Vanillezucker und Apfelsaft hinzuzufügen. Masse im heißen Wasserbad dick und cremig schlagen.
3. Schüssel aus dem Wasserbad nehmen und Masse weiterschlagen, bis sie kalt ist.
4. Stollen zerbröseln und vorsichtig unterheben.
5. Sahne in einer Schüssel steif schlagen und ebenfalls unterheben.
6. Masse in die Form oder die Kaffeetassen füllen, mit Folie abdecken und mindesten 5 Stunden im Gefrierfach fest werden lassen.
7. 15 Minuten vor dem Servieren herausnehmen und antauen lassen, so kann das Parfait auf Teller gestürzt und in Scheiben geschnitten werden.

Stollen-Eis

FÜR 1 KASTENFORM

Zutaten:

- 200 ml Milch
- 30 g Zucker
- 1 Pck. Bourbon-Vanillezucker
- ¼ TL gemahlener Zimt
- 2–3 EL flüssiger Honig
- 200 g Schlagsahne
- 70 g Stollen (Resteverwertung)

1. Milch in einem Topf erwärmen. Zucker, Vanillezucker, Zimt und Honig einrühren, bis sich alles vollständig aufgelöst hat. Mischung auskühlen lassen.
2. Sahne in einer Schüssel mit dem Handrührgerät steif schlagen, anschließend mit der Milchmischung verrühren.
3. Stollen zerbröseln und unter die Masse heben.
4. Masse in die Form füllen, mit Folie abdecken und mindestens 5 Stunden im Gefrierfach fest werden lassen.
5. Mit einem Eisportionierer Kugeln aus der Eismasse formen und in einem Becher oder einer Eiswaffel servieren.

New York Cheesecake mit Stollenboden

1 SPRINGFORM

Zutaten:

100 g Butter
200 g Stollen (Resteverwertung)

Für die Füllung:

900 g Frischkäse
200 g Zucker
4 EL Weizenmehl (Type 405)
3 Eier (Größe M)
1 Eigelb
200 g Crème fraîche
2 Pck. Bourbon-Vanillezucker

Außerdem:

Springform (Ø 26 cm)

1. Butter in einem Topf schmelzen. Den Stollen zerbröseln und mit der Butter vermischen.
2. Springform mit Backpapier auslegen. Den Teig auf dem Boden verteilen und mit den Fingern festdrücken. Dann ca. 15 Minuten kalt stellen.
3. Die restlichen Zutaten sollten für die Zubereitung Zimmertemperatur haben.
4. Backofen auf 180 °C Ober-/Unterhitze vorheizen.
5. Da der Kuchen im Wasserbad gebacken wird, die Form fest mit 1–2 Lagen Alufolie umwickeln, damit kein Wasser hineinlaufen kann.
6. Alle Zutaten für die Füllung in einer Schüssel mit dem Handrührgerät glatt rühren. Masse auf den Kuchenboden geben und mit einem Löffel glatt streichen.
7. Fettpfanne oder tiefes Backblech mit heißem Wasser füllen und die Springform so hineinstellen, dass sie bis zur Hälfte im Wasser steht.
8. Kuchen 12 Minuten im Ofen backen. Dann die Temperatur auf 110 °C reduzieren und weitere 40–60 Minuten backen, bis die Oberfläche fest ist.
9. Kuchen bei geöffneter Backofentür komplett abkühlen lassen.
10. 4 Stunden oder besser über Nacht im Kühlschrank fest werden lassen.

Tipp:

Je nach Geschmack z. B. mit Cranberrys bestreuen.

Stollen-Torte

1 SPRINGFORM

Zutaten:

100 g Trockenobst (z. B. Ananas, Mango, Pflaumen)
250 g weiche Butter + etwas mehr für die Form
200 g Zucker
4 Eier (Größe M)
500 g Weizenmehl (Type 405) + etwas mehr für die Form
60 ml Milch
1 TL Backpulver
1 TL Natron
100 g Rosinen
50 g Zitronat
50 g Orangeat
50 ml Rum

Für die Creme:

500 g Mascarpone
250 g Ricotta
5 EL Zucker
1 EL Zitronensaft
2 Pck. Bourbon-Vanillezucker

Außerdem:

100g Puderzucker
(Ø 26 cm) Springform

1. Backofen auf 180 °C Ober-/Unterhitze vorheizen.
2. Trockenobst klein schneiden.
3. Butter mit dem Zucker in eine Schüssel geben und mit dem Handrührgerät schaumig rühren.
4. Nach und nach die Eier zugeben und untermischen.
5. Die restlichen Zutaten hinzufügen und gründlich verrühren.
6. Teig in die gefettete, mit Mehl bestäubte Form füllen und mit einem Löffel glatt streichen.
7. Kuchen im vorgeheizten Backofen 40–45 Minuten backen, dann auskühlen lassen.
8. Mascarpone in einer Schüssel gut mit Ricotta, Zucker, Zitronensaft und Vanillezucker vermengen.
9. Den Kuchen einmal horizontal durchschneiden. Unteren Boden auf eine Kuchenplatte setzen und die Mascarponecreme darauf verstreichen.
10. Oberen Kuchenboden auflegen und mit Puderzucker bestreuen.
11. Torte für 3–4 Stunden im Kühlschrank kalt stellen.

Stollen im Glas

6 PORTIONEN

Zutaten:

- 100 g getrocknete Datteln (ohne Kern)
- 50 g getrocknete Feigen
- 20 ml Rum
- 125 ml Milch
- 300 g Weizenmehl (Type 405)
- 25 g frische Hefe
- 45 g Zucker
- 50 g Butter + etwas mehr für die Gläser
- 1 Ei (Größe M)
- 1 Pck. Vanillezucker
- abgeriebene Schale von 1 Bio-Orange

Außerdem:

- 2–4 EL gemahlene Mandeln
- 80 g Butter
- 100 g Puderzucker
- 6 Einmachgläser (à 160 ml Fassungsvermögen)

1. Datteln und Feigen klein schneiden und in einer Schüssel mit dem Rum über Nacht einweichen.
2. Milch in einem Topf lauwarm erhitzen. Mehl in eine Schüssel sieben und in die Mitte eine Mulde drücken. Hefe in einerTasse zerbröckeln, mit 1 TL Zucker und 50 ml lauwarmer Milch verrühren, bis sie sich aufgelöst hat. Hefemischung in die Mulde gießen und Vorteig abgedeckt an einem warmen Ort ca. 20 Minuten gehen lassen.
3. Butter in einem Topf schmelzen und abkühlen lassen. Anschließend Butter, restlichen Zucker, übrige Milch, Ei und Vanillezucker in die Schüssel mit dem Vorteig geben und mit dem Handrührgerät gut verkneten, bis ein geschmeidiger Teig entstanden ist.
4. Eingeweichte Früchte abtropfen lassen und mit dem Orangenabrieb in den Teig kneten.
5. Teig abgedeckt an einem warmen Ort gehen lassen, bis sich das Volumen verdoppelt hat.
6. Einmachgläser einfetten und mit gemahlenen Mandeln ausstreuen. Teig drei Viertel hoch in die Gläser füllen und nochmals ca. 20 Minuten zugedeckt gehen lassen.
7. Währenddessen den Backofen auf 180 °C Ober-/ Unterhitze vorheizen.
8. Gläser in den vorgeheizten Backofen stellen und Stollen in 25–30 Minuten goldbraun backen.

9. Butter in einem Topf zerlassen und Stollen sofort nach dem Backen damit beträufeln und mit Puderzucker bestäuben.
10. Man kann den Stollen aus dem Glas nehmen und verzehren oder die Gläser verschließen, so hält sich die Leckerei bis zu 4 Wochen.

Stollen-Pralinen

12 STÜCK

Zutaten:

- 250 g Stollen (Resteverwertung)
- 125 g Frischkäse
- 75 g weiche Butter
- 100 g Puderzucker
- 1 EL Rum oder Orangenlikör (alternativ: Orangensaft)

Außerdem:

- 12 Holzstäbchen
- 300 g Kuvertüre nach Belieben
- Zuckerstreusel nach Belieben

1. Stollen mit den Händen fein zerkrümeln und in eine Schüssel geben.
2. Frischkäse, Butter, Puderzucker und Rum dazugeben und alles mit dem Handrührgerät zu einem Teig vermengen.
3. Aus dem Teig 12 Kugeln formen und diese für 20 Minuten im Tiefkühlfach kalt stellen.
4. In jede Kugel 1 Holzstäbchen stecken und Pralinen nochmals 15 Minuten im Kühlschrank kühlen.
5. Kuvertüre grob zerkleinern und in einer Schüssel im Wasserbad schmelzen.
6. Pralinen nacheinander in die Kuvertüre tunken, etwas abtropfen lassen und mit Streuseln nach Wahl dekorieren. Stiele in einen Steckschaum oder mit Zucker gefüllte Gläser stecken und die Pralinen trocknen lassen.